大人のＯＢ訪問

小さい書房編

これは仕事を紹介する本ではありません。
その仕事だからこそ見える 世の中 を集めました。

もう二〇年も前になるけれど、就職活動でやったOB・OG訪問は面白かった。

色々な会社を訪ねてお茶を飲みながら話を聞くだけで、仕事の雰囲気が伝わってきた。

職種が違うと社内の空気まで違うように感じた。

年齢が近い気軽さもあって、OB訪問で会うのは少し年上、二〇代の先輩が多かった。

仕事の面白さを語る若い社会人は、一様にかっこよく見えた。今再びあの人たちに会ったら、どういう話が聞けるのだろう?

一つの仕事を長く続けると、その仕事だからこそ気づくことや、考えることが増えてくる。

それを知れば、これまでと違った世の中が見えてくるかもしれません。

小さい書房　安永則子

— 目次 —

装丁
bookwall

装画・挿絵
伊藤絵里子

I・キャビンアテンダント（客室乗務員）

40代・女性

その男性客は突然、
がくんと膝が折れるようにしゃがみ込んで
床で泣き崩れました。
真っ暗な機内で、すすり泣きだけが聞こえていた。
機上でこういう光景に出会うこともあるのかと、
衝撃でした。

国際線の客室乗務員で、世界中を飛んでいます。これまでにロンドン、パリ、モスクワ、ニューヨーク、バンコク、マニラ、北京、ソウルなど、数えてみると三〇都市は行っています。

八時間以内のフライトでは、仕事中ほとんど座れませんね。モニターが壊れていて映画が見られない、寒いから毛布が欲しい、とお客様から要望がどんどんくるので。病人への対応は毎回のことです。先日は、前の座席の人の頭上に嘔吐《おうと》、というケースがありました。こんな時乗客の汚れた衣服を洗うのも仕事。機内トイレの洗面台は狭いので、洗うのが大変です。そして機内で何かあるたびに、報告書を書かなくてはなりません。お客さんがやけどをしたとか、クレームが出たから部長対応をお願いしますとか、そういう報告書を空港に到着するとすぐに提出するんです。だから飛行機が飛んでいる間、乗客へのサービスの合間にひたすら書いています。報告書は「手書き」が基本で、間違えるたびに最初から書き直し。座って食事する暇なんてありませんので、立ったままです（笑）。私が食べないと後輩が食べられないから、ささっと食べた形跡だけ残して、「私済んだから、あなたも食べて」と。いつもそんな感じですね。

客室乗務員の仕事は、食事を配るだけくらいに思われているかもしれません。でも、それだけじゃない。想像以上に繊細なサービスが求められます。乗客の中には、働き盛りのビジネスマンの横に、赤ちゃん連れの母親がいる。遺影を抱えてうつむく人がいる一方で、生まれたばかりの我が子に会いに行く笑顔の人もいます。さまざまな人々の喜怒哀楽を乗せて、何時間も一緒に過ごす空間は、特殊です。そう考えると、人を運ぶだけじゃなくて、人々の想いを運ぶ仕事だなと思うことがよくあります。

男性客は、床に泣き崩れた

「すみません、ガダルカナル島の上空になったら、教えてくれますか」

真っ暗な機内で、男性客から声をかけられました。日焼けした小柄なおじいさんでした。富士山が見たい、虹が見たい、赤道に来たら教えて、などは乗客からよくある依頼ですが、「ガダルカナル島」について聞かれたのは初めてでした。私は内線で、操縦室のパイロットに現在地を確認。あと数十分でガダルカナル島上空に着きます、とお伝えしました。するとおじいさんが突然席を立って、非常口近くの窓に近寄って行った。外を見ようとしたんだと思います。でも窓に行きつく前に、がくんと膝が折れるようにしゃがみ込んで泣き崩れたんです。非常口近くに、少し広くなっているスペースがあるでしょう。あそこの床に正座したまま、両手を合わせながら泣いていた。機内は暗くしてあったので、周りの乗客はほとんど気づいていなかったと思います。おじいさんの微かなすすり泣きだけが聞こえていました。私はその背中に手を添えることしかできなかった。

「仲間が全員戦死した。自分だけ生き残って申し訳ない」

おじいさんはそう言って、到着地まで水一滴も飲まず、食事にも一切手をつけませんでした。

機上でこういう光景に出会うこともあるのかと、衝撃を受けました。そういえば私は、戦死した祖父のことさえ何も知らない。帰国後すぐに戦争関連の本を買いに行ったのは、もっと戦時中のことを知りたくなったからです。

沖縄便ではこういうこともありました。那覇空港に着陸する前、私の前に座る女性客が、しわの深く入った手で涙を拭っていたんです。ちりめんのワンピースを着て、首には使い古したタオルを巻いていました。七〇～八〇歳ぐらいの沖縄出身の方のように見えました。その涙を見て、「今日は終戦記念日だった」と気づいたんです。機内アナウンスの担当だった私は、とっさに着陸時のアナウンスに終戦記念日の一言を入れたいと、チーフに相談した。もちろん、即却下です。そうだよね、と思いました。でも泣いているおばあさんを見ていると、話しかけずにいられなかった。

「お住まいは沖縄のどちらですか？」

返事は無し……。

「今日は終戦記念日ですね」

と声をかけても無言。

おばあさんは手を合わせて拝むような仕草で

「ごめんなさい、話したくない」

それでも、私、まだ若かったんでしょうね。戦争を繰り返さないためにも事実は語りつがれるべきだ……と、なんだか勝手な正義感が自分を正当化してしまったのか、思わず口走っちゃったんです。

「教えて頂けませんか、少しでも気が楽になれば」

そしたら、おばあさんからぴしゃりと一言返ってきた。

「わかるまい。目の前で首が飛ぶ。手がちぎれる。腸がむき出しになる」

すぐに「申し訳ありません」と謝罪しました。これは客室乗務員として反則行為だったと、今でも反省しています。お客様のことを思うなら、何も聞かないでおくべきでした。

沖縄便のできごとも、ガダルカナル島上空で男性客が泣き崩れたのも、今から一〇年以上前のことです。戦後七〇年経って、戦争を知る世代はさらに高齢化してしまった。もう飛行機に乗ることも少なくなっているのではないかと、なおさら気になるんです。戦争については語り継いでいって欲しい。次の世代にも語り継ぐ必要があると思っています。

一二時間、飲まず食わずの客

国際線で、乗客の中に「怪しい人」を見つけることはあります。

麻薬を運ぶ人はね、一切飲まないし、食べないそうです。胃袋の中に隠し持っている場合は、飲んだら吐いちゃうし、排便でも出てしまうと聞きました。

私も乗客の中に「怪しい人」を見つけて、報告したことはあります。パイロットを通じて地上に
「四六のCのお客さまが、一二時間何も食べず、飲んでもいません」

というように報告するんです。飛行機が空港に到着したとたん、地上から担当官がぱーっと入って来て、その客に詰め寄りました。後はどうなったか、逮捕されたのかはわかりません。私たち乗務員はそこで終わりなんです。忘れ物のチェックとかやらなくちゃいけないので。

警察から会社宛にお礼状が届いたことは記憶しています。あなたが見つけてくれたおかげで何かの犯罪の摘発につながった、というようなことが書かれてあったように思うけど、内容はよく覚えていません(笑)。

そういう時客室乗務員は、三〇〇人くらいいる乗客のうち一人をずっと見ているんですよ。あの乗客、食べていないし飲んでいない。他の客室乗務員にも「あのお客さんに何も出してないよね」と聞いたりして。ハイジャックやテロへの警戒で、トイレに頻繁に行ったりずっと籠もっている人がいたら、注意して見る。不審な行動があれば、操縦室を通じて地上にすぐに報告します。機内は、海外からの犯罪を水際で防ぐ、最後の砦《とりで》でもありますから。

国内線の乗務もあります。大阪便や福岡便では、仕事先に向かう人が多いせいでしょうか。出発時間が遅れると、「ちくしょう」とか「殺すぞ」とか言う人はいます。それから、スーツを着た若いビジネスマンが、離着陸時もゲーム（ＤＳ）を止めてくれなくて困る。離着陸時の通信は禁じられているので、電波をカットする箱にＤＳを入れようとすると、「いやだ」とわめきだす。

「ちくしょう、ゲームの続きはどうしてくれるんだ！」

そう言って暴れた人もいました。呆《あき》れるほど赤ん坊みたいな態度ですよ。

中国の爆買い、オーストラリアのフルーツ犬

世界中を飛び回る仕事ですから、諸外国の事情にカルチャーショックを受けることはあります。

インドに着くと、飛行機のドアを開けた瞬間、暑い時期は五〇度近い熱風を感じます。まるでドライヤーの風に当たるような感覚。そして空港を出ると、貧富の差

を目の当たりにします。私たち乗務員をホテルまで運ぶバスには、赤ちゃんを抱っこした一〇歳くらいの少女が物乞いに来ます。あの女の子が赤ちゃんを育てているんだろうな……。バスの窓をドンドン叩《たた》いて物売りの少年もついて来る。日本を出てたった一〇時間で、別世界の光景が広がっています。

中国便では「爆買い」を目の当たりにします。中国人のお客さまが、日本で購入した電化製品などダンボール入りの手荷物を三個も四個も機内に持ち込んで来るので、航空各社で問題になりました。炊飯器などが、成田空港国際線ターミナルの免税店でも売られているんですよ。そのお店の名前も「AKIHABARA」(あきはばら)ですから。日本の炊飯器が中国では人気で、重いから、最後に空港で買う人が多いそうです。持ち込み制限を超える客が多すぎて収納するのに時間がかかり、離陸時間を過ぎてしまうことが増えました。だから搭乗口のスタッフを増やして、手荷物量を超えないようにチェックしています。

中国便では機内販売も人気です。時計、真珠、化粧品、ゴディバのチョコレートやクッキーなどをまとめ買いする人。カードの使用上限額二〇万円まで買い物した上、さらに現金を使う人もいます。

オーストラリアの空港に「フルーツ犬」がいることはご存じですか？　正式には「検疫探知犬」と言うらしいですが、私たちは「フルーツ犬」と呼んでいます。オーストラリアは、カンガルーやコアラなど固有の動植物を守るために、検疫が厳しい。空港で、犬が乗客の荷物の匂いを嗅いで、持ち込みが禁止されている野菜や肉などがないか調べます。麻薬探知犬は大きくて強そうな犬が多いですが、私が見たフルーツ犬は、ビーグルだったかな、小さくてかわいかったですよ。くんくんと、ものすごく嗅がれます。なんか匂ったらどうしようとビビります(笑)。一緒に乗っていた客室乗務員がりんごダイエット中で、フルーツ犬に見つかって荷物からりんごが出てきました。キャプテンとチーフが呼ばれて一時間くらいかかったかな。りんごは没収され、罰金三〇万円くらい払ったと聞きました。

命にかかわる

うちの機内で出す特別食は四〇種類くらいあります。種類が多いのは、アレルギー対応の食事ですね。卵、乳製品はもちろん、あわび、もも、りんご、やまいも、まつたけなど、さまざまなアレルギー源がありますから、除去した食事を用意しています。飛行機は一度離陸すると、数時間は閉ざされた空間になってしまうじゃないですか。だからアレルギーにはとても慎重になります。あるフライトでは、乗客がアナフィラキシーで「息ができない」と真っ青になったことがありました。そばのめんつゆをドレッシングと勘違いして、サラダにかけてしまった後でした。はっきりした原因はわかりませんが、顔や体、のどの粘膜まで腫れ上がって、呼吸困難になったんです。そのお客さまを降ろすため、急きょ最寄りの空港に緊急着陸したので特に覚えています。

宗教上の特別食にも気を遣います。ユダヤ教徒、イスラム教徒、ヒンズー教徒などは、宗教上許されない食事をとると命にもかかわる、と私たち乗務員は教え込まれているから、非常に神経を遣います。ユダヤ教徒用にお祈りを捧《ささ》げられた特別食は、トレイを覆う箱さえ開けることが許されません。乗客の所まで持って行って「ご自身で開けてください。温めたい場合は、このキャセロール（洋風の厚手鍋）に載せてください。電子レンジで温めてきます」

というように細心の注意を払います。インド便では、100人近いヒンズー教徒の乗客の名前と特別食を一つ一つ突き合わせて確認することもあり、これは大変な作業。乗客一人ずつ名前のスペルを確認します。英語が通じない時は、身振り手振りで。絵を描いて伝えることもあります。

仕事は過酷です。本当にきつい。もう体力が持ちません。飛ぶルートによって勤務シフトは大幅に変わります。一週間の間にハワイのホノルルやタイのバンコクに行き、翌週はニューヨークへ、という時もあります。

シフトの一例）

月：成田空港→ホノルル（ハワイ）
火：ホノルルで一泊
水&木：関西空港に戻って、休養（ホテル泊）
金：関西空港→バンコク（機内で一泊）
土：バンコクで一泊
日：バンコク→羽田空港（機内で一泊）
関東の自宅で二日間休んだ後、ニューヨークへフライト中は立ちっぱなし。到着地についたら、倒れそうです。時差もあって体はボロボロ。きつくてどうしようもなくなり、耳鼻科に花粉症の薬をもらいに行った時

「先生お願いします、一週間分の診断書を出して下さい」

と頼み込んでしまったことさえあります。お医者さんは

「花粉症で診断書？　はぁ」

とびっくりしていましたが、書いてくれた。「本人の強い希望により」という一言が入った診断書でしたが(笑)。それで少し休めました。

客室乗務員はスポーツ選手と一緒で、寿命が短い仕事ですよね。若い二〇代の子も、私のような四〇代も、同じ条件で働くわけですから。スポーツ選手のように自分自身で辞めるタイミングを決めないと、体を壊すと思う。辞める人が多いのも当然かもしれません。四〇代では入社時の一〇分の一くらいまで人数が減ります。私

も三五歳くらいからかな、体力的に限界を感じるようになった。給料も減りました。LCC（格安航空会社）の増加で競争が激しくなって、経費削減が進められて、二〇代の時一〇〇〇万円近くあった私の年収はほぼ半分になっています。

　こんな状況ですから、いつも仕事の辞め時を探しています。それなのに辞められないのは、この仕事が好きだからとしかいいようがないですね。色々な人に出会えて刺激があって、それが楽しい。自分のエネルギーになっていると感じています。

Ⅱ・食品メーカー社員

50代前半・女性

二〇年以上「味」を作る仕事をしています。
ポテトチップスやインスタントラーメンの「味」、
バナナプリン、サイダーゼリー、
くだもの味の飲料などを作ってきました。
濃い味＝おいしいと思っている人が
どんどん増えています。

大学で栄養士の資格を取って、調味料を作る会社に就職しました。以来二〇年以上、「味」を作る仕事を続けています。調味料の会社では、ポテトチップスなどのスナック菓子や、インスタントラーメンなどの「味」を作っていました。育児で退職した後、食品メーカーに再就職してからはデザートなどの商品開発をしています。バナナやいちご味のプリン、サイダー味のゼリー、他にも、くだもの味の飲料などを作っています。

やりがいですか？　私の場合、店で出された料理の味を覚えて、それと同じ味を作る時、近づくのがすごく嬉《うれ》しいんです。自分で「あ、味を近づけるのがうまくなった」と感じる時が、一番面白い。

メロンジュースを商品化する時は、まず本物のメロンを買ってきて食べます。それから、同じ味を試作室で作る。メロン果汁と、砂糖と、フレーバー（香料）で本物の味に近づけるんです。

スナックに「うに」味をつけたこともあります。おせんべいが送られてきて「これを、うに味にして下さい」と依頼されるんですね。「うに」そのものは高いし、その当時は原料もなかった。だから並んでいる原料の中から味が近いと思うものを探して、「たらこパウダー」と「パプリカ」「香料」などで作りました。香料会社はイメージを言うとその香料を作ってきます。「うにの香料」も作ってもらいました。

有名な料理家が作るスイーツを商品化する時は、苦労します。例えばプリン。その先生のレシピ本に載っている作り方だと、プリンはゼラチンだけで固めるんですよ。でも冷蔵庫から出してすぐに食べないとダラっと溶けちゃう。温度が上がるからです。家で作るならそれでいいんですが、製品化する場合は、軟らかく固まったまま長持ちさせる必要がある。だから、ゼラチンだけでなく、デンプン、寒天なども混ぜ合わせた材料を自分で考えます。試作室で手作りしたプリンがうまく固まっても、工場でテスト生産すると、食感が変わることはあります。工場では機械で混ぜるし、殺菌温度も高いので、同じ材料を使っても固まり方が微妙に違う。食感が変われば味も変わってしまいます。例えばプリンが硬すぎると、味が弱く感じるので、最初からやり直し。料理の先生のＯＫが出てやっと発売されます。

砂糖「一％」がわかるように

砂糖水をなめてもらって

「これどのくらい砂糖が入っていると思う？」

と聞くと、わかる人には「五％」入っているとすぐわかります。経験を積めば砂糖「一％」もわかるようになる。クエン酸なら「〇・〇〇一％」でもわかります。そうでないと味を作る仕事はできません。厳しい現実ですが、味の感度が上がらない人は、事務職に異動したり、他の人が決めた配合率どおりに作る係になることもあります。

以前勤めていた調味料会社では、上司が突然スープやドレッシングを持ってきて「これと同じものを明日までに作って」とよく言っていました。訓練ですね。原料を配合して、その味と同じものを作るんです。試作室には、食品の原料となる粉が数一〇〇種類もあります。甘味料や酸味料、ブドウ糖、デキストリン、グルタミン酸、スパイスなどがずらりと並んでいる。「答えはここにある」と上司に言われれば、悔しいじゃないですか。だからいろんな味をみて覚えました。そうすることで次第に力がついていったと思います。

今どういう食品が売れていて、どんな味が必要とされているか、常に気にしています。他社の新商品が出ると一〇個、二〇個買ってきて、会社のみんな一〇人くらいで味見しますよ。市場調査にもしょっちゅういきます。同僚五～六人で喫茶店に行くと、一〇品くらい頼んでぐるぐる回して食べる。普通の客でないことはお店の人も気づいていると思うけど、だんだん図々しくなって「スプーンもうひとつ下さい」と言ったり(笑)。

例えばコーヒーで参考にしたいのは、堀口珈琲《コーヒー》ですね。それぞれの豆の味を生かして新しい味を作りだしている。バッハや丸山珈琲もおいしいです。毎年、東京ビッグサイトで食の展示会があるんですよ。そこでサンプルを試飲して、これはいい、と思えば実際に店に行ってみます。ケーキなら自由ヶ丘のモンサンクレール。スポンジが一番おいしいと思う。上に載るクリームとのバランスもいい。新宿にあるラ・ヴィ・ドゥースのケーキも、くだものとの組み合わせがいいです。

市場調査に行く先では、色々メモします。だから分析に入っちゃって、普通に味わえないんですよ。ショートケーキのスポンジの味をみる時は、どこの店より空気を多く抱いている、卵が減ってきてないか？　バターを減らしているな、マーガリン使ってないか、など。気になるところは全部書き留めます。

「キウイ味」を作るのに時間がかかった理由

ここ一〇年くらいでしょうか、「濃い味」＝「おいしい」と思ってしまう人がどんどん増えていると思うんです。素材の持つ本当の味がわかる人が少なくなってきている。自然の味を重視している自分にとって、それが一番の苦しみです。

私が仕事を始めた二〇年前は、まだ商品によって〝棲《す》み分け〟があったと思います。

「スープは自然の味に近づけましょう、でもお菓子の味はがつんと作りましょう」というようにね。がつん、っていうのは、味がわかりやすく濃く、という意味です。でも今はそうじゃない。全ての食品の味がわかりやすいんです。だから「濃い」「甘い」「風味が強い」ものが要求される。本来素材にはない強いフレーバー（香料）を添加して、甘味料で甘さを強くして商品化するんです。イチジクなんて素朴な味わいのくだものですが、イチジクのデザートには強いフレーバーがつけられてしまう。

キウイフルーツ味の商品を作った時もそうでした。私は本物のキウイに近づけた優しい味で試作品を作りました。でも、営業担当は納得してくれません。

「これじゃ、りんごみたいだ」

と言われました。わかりやすいキウイの強いフレーバーを入れないと、商品化が実現しないんです。実際に売り出されると、それが〝キウイの味〟になってしまう。強いフレーバーが当たり前になって、本当の味がどんどんわからなくなってしまう。

だから、ジャンキーな味を好む人の方が、すぐに商品化できるんです。濃くて強くて、わかりやすい味の方が望まれているから。

私はおいしい味を作りたいのに、自然の味に近づけたいのに、求められる味がどんどんずれてきてしまっている。商品を売るためだと割り切るしかないんですけど、自分は必要とされていないような気がしたこともあります。

コスト削減と「濃い味」の関係

新商品を作るには、コスト意識が必要です。新しい原料を使うと高くなるから「既存の原料で、利益を考えて作って下さい」と言われます。例えばりんご飲料を作る時、「質の良い高いりんご」を使うと、商品の値段が高くなるから売れません。「安いりんご」を使って値段を抑えた方が、売れます。

でも安い原料は、果汁にしても野菜にしても、味が落ちますよね。そういう時にはフレーバーを使うんです。フレーバーを強くして、素材の味を無視するしかない。

調味料会社に勤めていた時は

「安い肉をおいしく食べる粉を作って下さい」

という依頼も少なくなかった。調味料をうまく使うと、安くてまずい肉でも、柔らかくてしっかりした味になるから。価格競争の時代ですから、食品メーカーは少しでも安い商品を作ろうとしのぎを削っています。だから安い食材を使う。そして素材の味をごまかすために〝濃い味〟をつけることも多いんです。

原材料価格の高騰で、商品の量自体を減らすメーカーもあります。一リットルで作っていたジュースが、ある日見たら九〇〇ミリリットルになっていたり、五〇〇ミリリットルだったのが四三〇ミリリットルに減っていたり。仕事柄、原材料名のところはよく見ますから

「あ、減っている」

と気づきます。商品の価格が上がると消費者は離れてしまうから、同じ価格を維持するために、量を何割か減らすんです。お客様をつなぎとめるには仕方がないとは思います。

後ろめたさと、一番の願い

正直なところ、こうやってお話しすることで少し気持ちが楽になりました。コスト削減のために香料を増やしていることや、砂糖より安い人工甘味料を使うことへ

の後ろめたさが私にはずっとありましたから。

頑張って薄味で育てていた自分の子どもでさえ、高校生になると友達と外食する機会が増えて、卒業する時は濃い味の人になってしまいました。

今の一番の願いは、ちょっと大げさに言うと、世の中の子どもたちが味の五味――甘味、塩味、酸味、苦味、うま味をわかるようになって欲しいということです。味の感度を上げげたい。人工的な味を作ってきた私が言うと矛盾して聞こえるかもしれません。でも、味と二〇年向き合ってきたからこそ、素材の味がわからない人が増えていることに気づく。だからこそ
「本当の味を伝えたい」

と思うんです。私が会社で新人に教えているようなことを、社会の中でもやれたらいいなって。

「砂糖水の一〇%と三%じゃこんなに甘さが違うんだよ」

「糖度と酸度、それに苦みがこういうバランスで入っている」というように、子どもたちが味覚を体験できる機会を作れたらなと思います。企業主催のイベントでもいい。それで思いきって上司に提案したら
「商品開発の業務を優先してください」
とそっけない返事でした。
利益UPにすぐつながる企画ではないですからね。社内には別に社会貢献を担当する部署があるので、そちらに異動すれば実現できるのかもしれません。でも私はこれまで通り商品開発の仕事を続けたい……。だから会社の外で、個人的にでも何かやれることがないか考えています。今は食育の一環で、子どもたちに授業で味覚を教える学校がある。そういう味覚体験イベントのお手伝いなどもできれば、と思っています。

大人のOB訪問

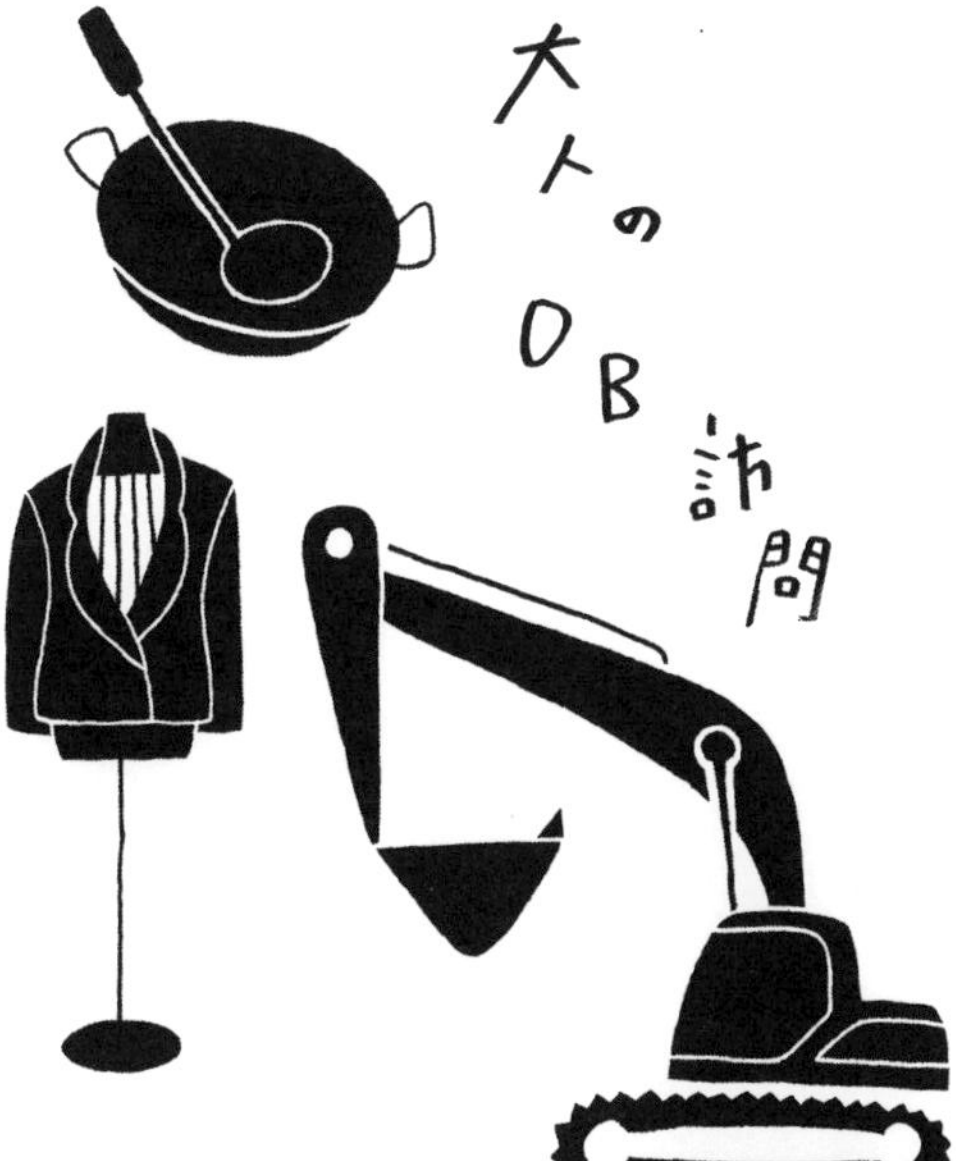

Ⅲ・小学校教員

39歳・男性

学校で取り上げて教えさえすれば、
「社会に役立つ人材」が出来上がる
と思われている。でも。
そんなに劇的に人を変えることはできません。
学校教育は、万能ではないんです。

小学校教員になって一二年目です。その前には中学校の非常勤講師などとして三年働いていました。もともとは、中学で歴史を教えるのが夢だったんです。でも当時、教員の採用は超氷河期でした。中学校の社会の教員になるには倍率が一〇〇倍もあって、このままでは何年やっても採用試験に受からないと思いました。小学校なら当時一〇倍くらい。どうしても教員になりたかったから、中学で非常勤講師をしながら、通信教育で小学校の教員免許を取りました。

今は、小学校の先生になって良かったと思っています。日々の授業で教えること自体が楽しくて、やっているうちに好きになりました。

「コンビニの商品は、高いのになぜ売れるんだろう」

「ドラッグストアは薬屋さんなのに、なぜ食品がたくさん置いてあるのか」

身近な疑問を授業で取り上げると、子どもが「え？」と前のめりになってくる。その瞬間がいい。学ぶのが面白いと思ってもらえたら本望です。子どもたちが困難を乗り越えた姿、達成した瞬間を見届けられるのも、この仕事の良さだと思っています。二年生の時に長縄を怖がっていた子が、なんとかくぐり抜けることができるようになって、三年生で跳べるようになった時は、喜びもひとしおです。

鼻血、忘れ物、「歯が抜けた」……ジェットコースターのような毎日

今は五年生の担任をしています。クラスの児童は三二人。毎日分刻みで仕事をしている中で、同時多発的に色々なことが起きます。転職してきた友人曰《いわ》く「ジェットコースターみたいな仕事だ」と。一般企業も忙しいけれど、こんなにたくさんのことを短時間で一度に処理することはないと驚いていました。

忘れ物をしたと言いに来る子がいる一方で、忘れ物をしたことを隠して授業を受

けている子がいる。鼻血が出た。○○君がちょっかいを出してくる。この問題が分からない。吐いた。歯が抜けた……。新卒も、ベテラン教員も、同じように対応しなければなりません。

給食も「指導」の時間。ゆっくり食べている暇はないですね。配膳された分量を調節したり、片づけ方を教えたりしながらなので、食べる時間は五分～一〇分です。

児童が下校した後は、学校の外から毎日のように電話がかかってきます。

「子どもが公園でゴミを散らかしている」

「店で騒いでいる」

「急に飛び出してきて危険だ」

本当は家庭や地域の問題だと思うんですが、本校の児童となると無関係とはいえず、指導にいきます。

妻と交互で保育園に息子を迎えに行っているので、私が迎え担当の日は夕方五時過ぎに退勤します。その分家で仕事をすることは多い。朝学校に行く前や、帰宅後に三時間くらいはしています。週末も二～三時間。学級通信を書いたり、授業の準備をしたり。教員に残業手当はありませんが、いつも児童や授業のことを考えています。

通知表ひとつ書くのもすごく時間をかけているんですよ。伝わりやすい表現はないか、自分で何度も書き直します。そのあと学年の先生同士で見直して修正。教務部で点検され、最後に管理職が見て修正します。漢字で書けるところは全て漢字に、「気づく」は↓「気付く」に、「とき」は↓「時」に直されるし、授業の単元名なども、全て書き方を統一するように言われます。

それから「学校の夏休みは長くて羨ましい」と思われがちですが、児童には長い夏休みがあっても、教員は普段通り勤務なんです。研修や会議、掃除、授業の準備など、山ほどやることがあります。夏期休暇としてとれるのは五日間だけで、私は有給をあわせて今年の夏は一〇日間休みました。学校や、その年の状況によって変わるので、知り合いでほとんど休めなかった教員もいます。

こんな感じだから、日本の先生は世界一忙しいという調査結果を聞いた時、あぁやっぱり、と思いました。

（編集者注：OECDが三四か国・地域の中学校教員を対象に行った調査によると、部活などの課外活動や事務作業にかかる時間が日本は参加国平均の二〜三倍）

日本の学校には「勉強を教える以外の仕事」がありすぎると思うんです。

週末に、地域の行事に参加するのもその一つ。制度上は代休が取れることになっているけれど、実際は取れません。ほとんどがボランティアです。敬老会で小学生が発表するイベントがあれば担任も行きますが、もちろん何の手当ても出ません。子どものためになるなら引き受けるのが学校、という考え方だから。仕事と呼べるのか線引きが難しいと思いながらも、際限なくやることが増えていきます。

公共施設や企業から毎日のようにプリントが届き、児童に配りますが、必要かわからないものは多いです。新聞の折り込みチラシみたい。子ども向けの栄養ドリンクをくれた会社があって、営業戦略とわかってはいましたが、学校で配りました。

企業から

「参加賞も画用紙も用意するから、子どもたちに絵を描かせて応募させて」

と依頼がきたこともあります。「無償で子どものためになる」ということで、学校全体で参加しました。

「産休に入るなんて無責任」「運動会でお茶販売して」

ある女性教員は、子どもができたことを公表した翌日、保護者から

「このタイミングで産休に入るなんて無責任だ」

という手紙を受け取って、相当落ち込んでいました。「先生の出産で担任が代わってしまう。うちの子は損した」と受け止める保護者はいます。でもそんなこと言ったら、教員は出産できなくなってしまう。小学校の場合、ほとんどの教員が「クラス担任」なんです。私の勤め先には教員が六〇人いて、このうち音楽や理科など専科の先生は四人だけです。中学校だと副担任になる選択肢がありますが、小学校はほとんどが担任だから、それ以外のポストがない。子どもを産みたいのであらかじめ担任を外れる、という人事ができないんです。

世間には、教員は自分の子どもより受け持つ児童のことを優先するべきだ、とい

う見方があります。私も、児童から
「○○のお母さんが先生のことを、保育園のお迎えがあるから五時に帰るダメ先生、と言っていたよ」
と言われたことがある。保護者から言われるより、児童に言われたことがショックでした。

保護者に対して思うことは、他にもあります。運動会後にアンケートを取ったら
「お茶を販売して欲しい」
「運動会のＤＶＤを作って販売して欲しい」
という要望が出ました。気持ちはわからなくもないけど、そこは私たちの本業じゃないですから。今は学校がサービス業化してしまっている。保護者の権利意識が強くて、いたれりつくせりを望む「消費者」になってしまっている。お店でサービ

スを受けているみたいに学校の教育を考えているんです。
その影響もあるかもしれません。児童の中には、ちょっと何かが当たっただけで、教員に対して
「あ、暴力を振るわれた。教育委員会に訴えてやる。そうしたらクビになるんだろう」
と言ってくる子もいます。

全てが帳消しになる時

何のために教師をやっているのか、見失いそうになることがあるのも事実です。だけど転勤する時は、必ず涙の別れになるんですよ。子どもたちだけでなく、私も、涙が溢《あふ》れてきます。三年生の教え子が一時間目二時間目と泣き続けて、三時間

目の離任式直前まで泣くので、そろそろ泣き止んで欲しいな……と思ったこともあった(笑)。転勤の翌年に運動会を見に行ったら、教え子が踊りの最中なのに、私を見つけた途端

「先生！」

と声をかけてくれました。「踊りに集中しなさい」と思いながらも、嬉《うれ》しかったですよ。運動会が終わったら子どもたちが集まってきて近況を話してくれました。

小学校の六年間は、子どもが大きく成長する時ですよね。二年生を受け持った時に、階段を降りるのが怖い子がいて、手を繋《つな》いで降りました。子どもの方から手を伸ばしてきて、一年間ずっとそうでした。低学年の女子は、花やドングリなど拾ったものを毎日くれます。どんどんたまってどうしたらよいか迷ったので、画用紙に貼って飾ったら、かわいい贈り物が作品のようになりました。高学年は、なかなか言うことを聞かないし、力も強い。六年生が荒れていた時、担任ではなかったんで

すが、クラスを立て直すために何度も指導に行きました。その子たちが卒業する前、「六年生を送る会」でのこと。体育館のステージに私役の子が登場して、私の真似を始めたんです（笑）。児童たちはみんな大喜び。それが決して嫌な感じでなく爽やかだったので、私も思わず笑ってしまった。そういう時は、色々あったけど教師をやっていて良かったかな、と思う。全てが帳消しになる気分です。

増やすなら、何かを減らさないと、破たんする

授業について言えば、公教育なのである程度内容をそろえる必要はあるにしても、もう少し自由が欲しいなぁと思うことはあります。例えば、道徳は以前は「教科外」だったので、自分がいいと思ったことを取り入れることができたんです。なんでもいいんですよ、有名なイチロー選手とか、そういう人を教材に選んで、自由に授業を組んでいました。だけど今は、型にはまっているというか、これを全部やりなさいと決められているんです。文部科学省が作成した「私たちの道徳」という冊子を児童に読ませて→書かせて→発表させて→また読ませて→書かせて……となるから、面白くない。高学年になると、冊子に書きこまなければならない箇所がたくさんあるんです。やらされている感が教員にはあるし、児童にもあるんじゃないかな。先生の大半は子どもや教えることが好きな人だから、児童の間で今起きていることにあわせて指導したいはず。プログラムに沿って同じように教えることで道徳性が身につけばいいですが、相手は生身の人間です。簡単にはいきません。

（編集者注：道徳は二〇一八年度以降「特別の教科」に格上げされる）

今は教育に対する関心が高いですよね。世の中で凶悪犯罪が増えると、学校で規範意識を教えるように言われます。フリーターやニートが増加したら、キャリア教育の重要性がうたわれる。他にも英語、パソコン、食育、人づきあいのコツを学ぶ「ソーシャルスキル教育」など、たくさんのことを教えるように文科省からはお達しが来ます。これらが大事なことはわかるんですが、かつてとは違う形での詰め込み教育になっていると思うんです。増やすなら、何かを減らさないと、成り立たない。いずれ破たんしてしまいます。学校で取り上げて教えさえすれば、社会に役立つ人材が出来上がると思われている。でも。そんなに劇的に人を変えることはできません。学校教育は万能ではないんです。子どもたちは家庭でも、地域でも育っていて、どこか一つだけに責任があるわけではありません。

大人のOB訪問

Ⅳ・商社マン

30代後半・男性

最初はみんな抵抗しましたよ。
商社マンは二四時間仕事して
地球の裏側と会議しているんだから、
そんなのできるわけないじゃん、と。

総合商社の仕事は幅広いんですよ。色々な日本製品を輸出したり、外国製品を輸入する仕事をしてきました。欧米やアジアの大きな市場では、日本のメーカーが駐在員を置いて直接取引を進めるケースが増えていますが、例えばアフリカのようにまだ市場が成熟していないところでは、商社マンの出番が多い。僕もアフリカ諸国に向けて自動車を売っていた時期がありました。

当時は仕事を頑張れば頑張るほど、アフリカ駐在が近づく感じでしたね。ちょうど子どもが生まれた頃で。先輩から「あー子どもさんかわいそうだね、アフリカ駐在になったら、予防注射一三本打つよ」って言われたことを覚えています。本当にそんなに打つのかはわからないけど、単身赴任を選ぶ商社マンの気持ちがわかりましたね。

アフリカだと、国にもよるけど当時自動車は月に五台とか一〇台しか売れないことが多かった。現地の人にとっては車一台の値段が年収以上だから、個人で買う人はほとんどいなくて。主に政府向け、官公庁向け、会社の社用車でした。うち（商社）が、日本製や、韓国製の自動車やトラックを買って、フェリーでアフリカまで送るんです。西アフリカだけでも、セネガルとかカメルーンなど二〇か国くらいあるから、五台ずつ、一〇台ずつでも売れば全体ではそれなりにまとまった数になる。広く浅くやっていました。それで市場が成熟したら、メーカーから
「もう結構ですよ。あとはわれわれ直接やりますから」
って言われる。そういうことの繰り返し。その後は、互いに別々の道を歩むこともあれば、一緒に現地で会社を作って車を販売することもある。色々です。

商社は、市場を開拓する産業分野で求められることが多いんです。これは商社の強みでもあると僕は思っています。メーカーと違って、この業界、業種、まずいなと思ったらすぐシフトできる。カメレオンみたいに、環境の変化に柔軟に対応でき

る。自分自身が変われるってところがいい。メーカーだと、設備もあるし人もいるし、ノウハウ、技術も陳腐化するから、そんな簡単に変化についていけない。今の東芝やシャープなど、メーカーは苦しんでいるでしょう。「これしかない」という売りのビジネスモデルが時代に合わなくなった時、大変だと思う。

だから僕たち商社の仕事も、昔からやっていたトレード（輸出入）から、近年は「事業投資」へと軸足を移しています。「これは伸びてきそうだ」と思われる国内外の有望な事業に投資する。シェールガスや海底油田など海外資源への投資もあります。

夜八時以降は「働いてはいけません」。朝型勤務で変わったこと

以前は夜一〇時でも一二時でも、タクシーで帰っていました。慢性的に残業でした。でも会社が「朝型勤務」をすすめるようになってガラリと変わりましたね（二〇一四年）。夜八時以降の勤務が原則禁止になって、早朝の時間外手当が増えた。みんな何もなければ夜八時には退社するし、朝は七時くらいに出社するようになったんです。朝早く来た人は、簡単な朝食がタダで食べられる。特に若手は早く来て、バナナやコーヒー、パンやおにぎりを食べています。

でも最初のうちは、社員の多くに抵抗がありましたよ。

「商社マンは二四時間仕事して地球の裏側とテレコン（電話会談やテレビ会議）してるんだ。夜八時に退社なんてできるわけないじゃん」

とか言っていたから。ところがだんだんね

「わー意外にできるね」

となったんですよ。夜も残業代はつきますが、いわゆる「だらだら残業」が減った。以前は仕事が終わっても、上司や先輩が帰らないから、インターネットでも見ながらなんとなく残っていることが正直あったけど、そういうのが完全になくなった。当然、入札前やテレコンがある時には、事前申請すれば残って仕事できます。最近はその都度申請しないといけないから、ハードルは高いけど。

飲み会も、社長の呼びかけで

「一次会だけで、夜一〇時には終わろう」

ということになったんです。一次会は一〇時まで、だから一一〇（イチイチゼロ）運動。飲み会というのは一次会で話は出尽くして、二次会ではほとんど無意味な話になるから、「もう一軒いきましょう」は無しにしようと。早く切り上げるから、夜七時くらいに飲み会をスタートすることも増えた。必然的に仕事も早くなります。ものすごいメリハリが利くようになりましたよ。家族との時間が増えて喜んでいる社員も多いです。

「子どもと接する機会が増えて、宿題をみてあげられる」

「平日に妻の手料理を食べられて健康的。妻も嬉《うれ》しそう」

という話を聞きます。以前は平日に映画や、スポーツ観戦なんてありえなかったけど、趣味の時間を充実させている人もいる。朝型勤務は強制じゃないから、これまで通り朝九時に出社する人もいます。

でも、うち以外の商社で、朝型勤務をやっているところはほとんど無いんじゃないかな。そんなことできるかよって、まだ冷ややかな目で見ている気がする。

V・外科医

39歳・女性

乳がんの患者は若い女性も多いです。
病院内で会うだけですが、
患者さんの私生活での辛さも伝わってきます。
がんを告知する時は
「全面的に協力させて頂きます」
という言葉を添えるようにしています。

医者になって一四年。外科医として、東京都内の病院に勤めています。

研修医の頃は、患者さんが亡くなる度に泣いていました。誰にもばれないようにしながら。多い時は一日で三人の死に立ち会うこともありましたから。患者さんの死亡確認の時に泣いてしまったことさえありました。

自分が女性であることを活かしたかったので、外科の中でも乳腺科を専門に選びました。乳がんの場合は、最初の診断から治療まで乳腺外科で診ることが多くて、私もそれが一番やりたいことでした。

入籍二か月前の乳がん告知

乳がんの患者は若い女性も多いです。ある女性に乳がんの告知をしたのは、彼女の入籍の二か月前でした。三〇代前半で、告知後も気丈にふるまっていた明るい方ですが、一度だけ涙を見せたことがあります。抗がん剤治療を始めて数日後、予約無しに突然来院して来られた時でした。
「週末で病院が休みになってしまうから、念のため吐き気止めをもう少し下さい」と言いながら、大きな美しい瞳からはらはらはらと涙が溢《あふ》れた。大丈夫？　って聞いたんですけど
「自転車で急いできたから目にゴミが入っちゃって」
と頑張って頑張って、笑いながら言った。その日の外来は予約患者で大混雑していて、突然来られた彼女のために、私は十分な時間が割《さ》けませんでした。まだ若くて、結婚直前で乳がんになって、抗がん剤で髪が抜け、本当に辛かったに違いない。私はその日きちんと声をかけられなかったことをずっと後悔していて、半年後に治療が一段落ついた時、謝りました。彼女が涙ぐんで
「先生と出会えて良かった」

と言ってくれたことが救いです。

乳がんの治療は、容体に応じて異なるので一概には言えませんが、再発予防のためにホルモン療法を行う場合、五年～一〇年に及びます。その間ホルモン剤を飲み続けるんです。長い闘いではありますが、治療は日々進歩し、生存率も伸びています。私は乳がんを告知する時、最後に

「全面的に協力させて頂きます」

という言葉を添えるようにしています。

病院内で会うだけですが、患者さんの私生活での辛さも伝わってきます。婚約者と何回も来院していた女性が、がんとわかったとたんに破談になってしまうことは少なくありません。患者さんには

「いつくらいだったら妊娠できますよ」

という話をしますし、抗がん剤を投与する前に卵巣凍結や受精卵凍結をしておいて、治療終わってから戻そうか、という提案をします。でもそういう時にぽろっと「いや、先生。もういいんです。実は結婚はダメになっちゃって……」と言われることがある。相手の男性というより、男性の家族の方が結婚に反対することが多いと聞きます。

お仕事についてもそう。

「仕事は続けられます」

とお話ししますが、抗がん剤投与のために毎回外来に通い、その間に副作用が出てきてしまうと、仕事を休む。それを何回も繰り返しているうちに、会社に迷惑はかけられないと、退社を余儀なくされる方は少なくありません。時短勤務に変えたり、治療しながら続けられる仕事内容に変えた方もいます。

今は二人に一人が、がんになる時代です。がんになることは特別なことではありません。患者さんにも家族にもお伝えしているのは、ひとりで抱え込まないで欲しい、ということです。どうかＳＯＳを出して欲しい。「治療と仕事を両立できない」でも、「お金がなくて治療が続けられない」でもいいんです。病院によっては、がん患者と家族の支援センターがあって、治療を続けながら仕事や日常生活を今まで通り送れるようなサポートシステムが、徐々に出来つつあります。

（編集者注：生涯のうちにがんになる確率は、男性六二％、女性四六％。男女とも五〇歳台ぐらいから増加し、高齢になるほど高い。
出典・国立がん研究センターがん情報サービス「がん登録・統計」）

医者は患者を選べない

対人間の仕事ですから、ミスなく仕事をしていても、一定の確率でクレイマーに

あたります。患者本人ではなく、その家族がいわゆるモンスターファミリーとなる場合も多い。患者から

「そんなんでよく医者やってられるな！」

と人格を否定されるようなことを言われたり、クレームが大きくなって病院長まで話がいってしまったり。そういう日は、精気を吸い取られたような気分になる。

クレイマーにあたった時、私はまず相手の言い分をひたすら聞いて、どんなに自分に落ち度がなくても謝ります。先輩医師からは

「謝った時点で自分に非があることを認めることになるから裁判で負ける。明らかにミスがある場合以外は謝ってはダメ」

と言われる。でもね……本音を言うと、私は謝ったほうが楽だと思っている。ひたすら謝ると、だいたいどんなに怒っていた人も落ち着いて帰っていきます。さもなければ延々とクレームが続くんですよ。医者のプライドなんて問題ではなく、こ

れが一番話を長引かせない方法だと思うから。幸い暴力を振るわれたり裁判ざたになったことはありませんが、ただ運が良かったとしか言いようがありません。ほとんどの場合、医者は患者の診察を断ることができないのが現実です。誰でも病院に来られるから、患者を選ぶことはできない。これは怖いです。

母になって、変わったこと、変わらなかったこと

三歳の娘と歯科医の夫の三人家族です。朝は私は四時半くらいに起きて、前の晩に夫が干しておいた洗濯物を取り込んでたたみ、朝ごはんを準備して、夕飯の準備も済ませます。仕事から帰ってきたら疲れていて作れないから、朝のうちにお皿やお箸まですべてセッティングする。帰宅後すぐに夕飯が食べられるようにしておくんです。週末に一週間分の夕飯を作ることもあります。

（上）朝のうちに夕飯も準備。おかずは皿に盛りラップをして冷蔵庫へ。茶わん、箸、コップも、お盆にセッティングしておく。これで帰宅後五分以内に夕飯が食べられる。
（左）週末にまとめて一週間分の夕飯を作ることも。

夫と交替で子どもを保育園に送り、朝八時半から仕事です。外科外来での診察は週三日、手術も週三日あります。このほかに入院患者も診るし、検診の仕事も入ってくる。毎日午後六時ごろ保育園に娘を迎えに行きます。

「ママはいつも忙しいねー。〈ゆっくりパワー〉をあげるよ」

と娘に言われました。生活しているだけであっという間に時間が過ぎてしまう。もう少し余裕があればいいんですが。

先日は、朝起きたら娘が三八度五分の熱でした。こういう時は「がーん」という気分。その日は午前は外来、午後は手術で、私は絶対に休めませんでした。ベビーシッター会社に電話しまくるがつかまらず。病院の院内保育で病児を扱っていないか電話するもダメ。となると、残る選択肢は二つしかありません。歯科医の夫の病院に連れて行き、休憩室で休ませるか。私の病院に連れて行き、外来の隅っこで寝かせておくか。でもその日、私の外来には予約患者が三〇人以上いました。特にがん告知の方が三人、セカンドオピニオン一人、と診察に三〇分は要する患者さんが四人もいた。とりあえず、開業医の夫が自分の職場に娘を連れて行き、私は大混雑の外来の合間をぬってシッター会社に電話しました。シッターさんに娘を迎えに行ってもらい、やっと午後から自宅で休ませました。

母親になったことで、私の人生は大きく変わりました。生活はもちろん、仕事をする上での気持ちにも変化はあります。この前は、娘と同じ三歳の患者のヘルニアの手術を担当しました。三〇分くらいで終わるので、外科の手術としてはさほど難しいものではありません。以前なら、手術を無事終えた後に涙ぐむ親御さんを見て

「ヘルニアくらいでおおげさな」

という気持ちが正直なところ少しあったように思います。でも今は変わりました。親にとっては、子どもの発熱一つでも心配になる。特に手術となれば、どれほど心配か。どんな手術でも絶対ということはありませんから。自分の子どもを手術

する思いでのぞんでいます。これまでも手術室の入り口で
「大切にお子さんをお預かりします」
と言っていたけど、今は心からそう言っている自分に気づきます。

女性医師は、出産後に働き方を変える人が多いです。手術はせずに外来の診察だけ担当するとか、検診業務だけにする。そうすれば、午前中だけや「九時―五時」で働けますから。出産後にどう働くか、私もずいぶん悩みました。結局フルタイム勤務に戻ることを選んだのは、やっぱり治療に関わりたいと思ったからです。検診も大事な仕事ですが、病気を見つけるだけでは終わりたくない。その先が見たい。手術をして、病気を治したいんです。もしがんが再発する結果になったとしても、患者さんに最後まで寄り添って関わることを、私はやりたいんだと思います。

医療界はまだすごく保守的で、男性医師のワーク・ライフ・バランスなんて、ほ

とんど考慮されていません。子どもがいようが男なんだから働け、という感じ。もし男性医師が育児を理由に働き方を変えたいなんて言ったら、お前なんなんだ？みたいな、すごく古い体制だと思います。だから、男性医師と結婚した女性医師が苦しんでいるんです。子どもが生まれても、夫側には当直や夜中の呼び出しがあるから、妻も同じ働き方なんてできるわけがありません。家事育児を一手に背負って、働き方を変えざるをえない。私の知る限り、出産前と同じように働いている女性医師は、ご主人が会社員の人ばかりです。

「二人目はどうするの？」

とたまに聞かれます。でも、我が家は娘一人っ子でほぼ決定しました。去年だけで三回流産しているからです。流産すると心にぽっかり穴が開いてしまう。二回目の流産で、もうこんな思いをするくらいなら妊娠したくないとさえ思いました。それでもやっぱり第二子が欲しくて病院で検査を受けたところ、卵巣機能の老化が原因だろうと言われました。医者は大学に六年通い、卒業後二年は研修医。下積みだけでも一〇年近くかかる。結婚や出産が遅れるのは当然とも言えます。時間通りに終わる仕事ではないし、土日も、患者に何かあればかけつける生活です。忙しい自分の働き方を振り返って後悔もしました。

娘がね、保育園の七夕で

「ママのお腹に赤ちゃんが来ますように」

と願いごとを書いたんです。思い出すだけで涙が出ちゃうな……。娘も兄弟が欲しいんでしょう。そう思うと複雑な気持ちですが、私のために願いごとをしてくれてありがとうと、今は考えるようにしています。

外科医は忙しいし、緊急手術もあるので、若手医師からは敬遠されがちです。特に女性医師は、育児や家事を視野に入れて、定時に帰りやすい皮膚科や眼科を選ぶケースも多い。「一生続けられるように」と考えて、進む道を選択する女性医師も多いでしょう。でも最初からそんな守りに入っちゃっていいの？　とも思います（笑）。

私の場合は、医者になってすぐの頃、偉い先生の外来に来た患者さんで

「女の先生にしか診てもらいたくない」

と言う人がいたので、経験が浅いにもかかわらず呼ばれたことがあったんです。その時

「あぁこれはやらなきゃ。女性であることが活きるな」

と思ったことがきっかけで、乳腺外科の道に入りました。当時、女性医師は少数派でしたけど、今では若手は女性がメインで活躍する分野になっています。

私も女性として一応こだわっていることがあって、乳房を手術する時はいつも「ビキニが着られる傷」を目指しているんですよ。患者さんの年齢は関係ありませ

ん。八〇代のおばあちゃんにも
「これでビキニが着られますよ」
と言うと
「もう着ないわよ〜」
なんて笑われます。
がんという事実を最初はなかなか受け入れられない患者さんは多いし、毎回外来で泣いて帰られる方もいます。そうした患者さんに寄り添って、ちゃんと生活していくことができるようになるまで伴走すること。それが医者として私ができることではないかと考えています。

大人のOB訪問

大人のOB訪問

二〇一六年二月十九日　第一刷発行

編集　安永則子

発行者　安永則子

発行所　小さい書房
〒二〇一-〇〇一三
東京都狛江市元和泉二-十二-十九
電話&FAX　〇三-五七六一-四六三三
メール　info@chiisaishobo.com

印刷・製本　中央精版印刷株式会社

ISBN 978-4-907474-03-4
Printed in Japan

ご感想・ご意見をお寄せください。
「ご自身の仕事から見える世の中」についても
教えて頂ければ幸いです。

小さい書房メール　info@chiisaishobo.com